Vente des 12 et 13 Février 1868

CABINET

de Feu M. VICTOR SIMON, *de Metz.*

OBJETS D'ART

ET

ANTIQUES

Exposition publique le Mardi 11 Février 1868.

Mᵉ CHARLES PILLET, COMMISSAIRE-PRISEUR | M. DHIOS, EXPERT

1868

CATALOGUE

DES

OBJETS D'ART

ET D'ANTIQUITÉ

Composant la Collection

DE FEU M. VICTOR SIMON

Conseiller à la Cour impériale de Metz et Président de l'Académie de la même ville.

DONT LA VENTE AUX ENCHÈRES PUBLIQUES AURA LIEU

HOTEL DROUOT, Salle N° 4

Les Mercredi 12 et Jeudi 13 Février 1868

A 2 HEURES PRÉCISES

Par le ministère de Me **Charles PILLET**, Commissaire-Priseur, rue de Choiseul, 11,

Assisté de M. **DHIOS**, Expert, rue Lepeletier, 33,

Chez lesquels se distribue le présent Catalogue.

EXPOSITION PUBLIQUE

Le *Mardi* 11 *Février* 1868, *de une heure à cinq heures.*

CONDITIONS DE LA VENTE

Elle sera faite au comptant.

Les adjudicataires payeront *cinq pour cent* en sus des enchères.

L'exposition mettant le public à même de se rendre compte de l'état des objets, il ne sera admis aucune réclamation une fois l'adjudication prononcée.

NOTA. — A partir du 15 avril prochain, l'étude de Me Charles PILLET sera transférée de la rue de Choiseul, 11, à la rue Grange-Batelière, 10.

59. — Paris. Imp. PILLET fils aîné, rue des Grands-Augustins, 5.

Le Cabinet de feu Victor Simon, conseiller à la Cour impériale de Metz et président de l'Académie de la même ville, présente à l'étude et à la curiosité des amateurs et des savants un ensemble varié d'antiques et d'objets d'art, parmi lesquels figurent quelques pièces d'un puissant intérêt et d'une haute valeur artistique.

Cette collection, déjà remarquable en antiquités de toute sorte, s'enrichit, il y a quelques années, d'une précieuse trouvaille faite à Vandrevange, près Sarrelouis (Prusse). Un heureux hasard amena la découverte en cet endroit d'une réunion de bronzes antiques gallo-romains admirables de conservation et de patine. Nous appellerons particulièrement l'attention sur l'instrument de cuivre décrit au n° 3 du catalogue, dont nous n'avons pu définir l'usage d'une manière bien précise. Nous signalerons également une épée en bronze, à lame et poignée d'une seule pièce, ainsi qu'une belle série de bracelets et de haches.

Dans les verres antiques, on remarquera plusieurs vases, gobelets, lacrymatoires, curieux de forme et irisés des plus belles nuances.

Trois plaques gréco-allemandes en ivoire sculpté, sont d'intéressants et bien rares spécimens de l'art du xe au xiie siècle; elles rappelleront celles de la collection de M. Paguet de Metz, ami de M. Simon; collection dont la vente a eu lieu l'an dernier à pareille époque.

La coupe en cristal de roche est une pièce d'une rare perfection; entièrement couverte d'ornements et de figures gravées d'un goût exquis et du style le plus pur; merveilleux travail italien de la fin du xvie siècle; bijou d'art et de patience, d'autant plus précieux et inestimable qu'au mérite artistique de l'œuvre viennent s'ajouter ici les difficultés presque insurmontables de la gravure sur une matière aussi dure et aussi fragile à la fois.

La collection de poteries grecques et romaines, les objets mérovingiens, de nombreuses statuettes en bronze antique, un médaillier, complètent ce cabinet, dont les pièces les plus intéressantes furent le sujet d'études et de notices archéologiques, adressées à l'Académie impériale de Metz par feu Victor Simon, qui dénotaient chez leur auteur une érudition profonde, jointe à un zèle fervent et éclairé pour tout ce qui se rattache à l'histoire du passé [1].

1. Ces notices archéologiques ont été publiées à Metz avec des planches lithographiées reproduisant les principaux objets de la collection.

DÉSIGNATION DES OBJETS

1 — **Coupe en cristal de roche**. Cette coupe est entièrement couverte de gravures, ayant pour sujet le *Triomphe d'Amphitrite*.

A l'une des extrémités, la déesse est représentée assise sur un dauphin et tenant une écharpe qui flotte au dessus d'elle; d'un côté un triton, portant une néréide, suit un deuxième triton casqué, tenant d'une main un javolet et de l'autre la proue d'une galère à trois voiles déployées, conduite par deux petits personnages suspendus aux cordages.

A l'autre extrémité, un dieu marin enlève une néréide, qui tient une couronne de laurier; à la suite, deux autres tritons, dont un, portant une néréide en croupe, sonne de la trompe. Vis-à-vis la galère, de l'autre côté de la coupe, est un second navire conduit également par deux figurines. Un dernier groupe de triton et néréide. se jouant avec une banderolle, termine cette composition, animée encore par des dauphins sur les flots et de nombreux oiseaux, planant dans les airs.

Le bord de la coupe est enrichi d'un ornement courant

et de six motifs d'arabesques à rinceaux avec feuillages.

Cette pièce est surelevée sur un pied également en cristal de roche gravé de dauphins, crabe, écrevisse; pied, auquel elle se relie par une petite balustre en corne brune, qui a dû remplacer une monture primitive en or émaillé.

Elle est de forme semi-ovoïde; sa longueur est de 21 cent., sa largeur de 10 cent. et la hauteur de 11 cent. 1/2.

La grâce de la composition, le précieux fini des détails, la richesse et le grand goût de l'ornementation, font de cet objet un des beaux spécimens de l'art italien de la fin du XVIe siècle et l'on peut, d'après des données presque certaines, attribuer ce travail à VALERIO BELLI, graveur italien, qui florissait à cette époque.

BRONZES ANTIQUES

Trouvaille faite à Vaudrevange, près Sarrelouis (Prusse), à quarante kilomètres de Metz.

2 — Épée gallo-romaine en bronze. La poignée et la lame sont d'une seule pièce et mesurent ensemble 60 cent.

La lame offre deux échancrures striées au-dessous de la poignée; elle est à deux tranchants, ornée dans toute sa longueur de filets en relief et se termine en pointe. Elle a été brisée en deux d'un coup de hoyau, qui révéla la présence de cette pièce et des suivantes; elles sont toutes recouvertes d'une admirable patine.

3 — Cercle-cistre ou *Crepitaculum*.

Cet instrument se compose d'un grand cercle en cuivre, auquel est adaptée une tige surmontée d'un anneau et terminée à sa partie inférieure par un autre anneau mobile; à cet anneau sont suspendus, au moyen de tiges, deux cercles plus petits que le premier et qui, lorsqu'on les agite, le frappent et rendent un son étendu.

Pièce très-intéressante d'une entière conservation et qui servait, sans doute, à donner un signal dans les cérémonies religieuses.

4 — Cinq petits cercles, faisant probablement partie d'instruments analogues au précédent.

5 — Deux petits boucliers en bronze, ornés au centre d'un *umbon* entouré de plusieurs cercles en relief sur la surface du bouclier. — Au revers se trouve un anneau, destiné à fixer ces boucliers à la hampe des enseignes militaires romaines.

6 — Quatre haches, dites celtiques, en bronze et un moule à couler des haches.

7 — Quatorze bracelets en bronze de différentes grosseurs; ils sont très-minces et convexes.

8 — Neuf petits bracelets, formés d'un ruban de cuivre enroulé.

9 — Boutons, tubes cylindriques ou pendeloques, torsades, plaque à jour, autres ornements en bronze.

*

VERRES ANTIQUES

Presque toutes les pièces cataloguées ci-après ont été trouvées à Metz et en Alsace ; elles sont dans un parfait état de conservation et très-remarquables par leurs formes et la beauté de leurs nuances irisées produites par la cristallisation.

10 — Gobelet à quatre lobes concaves.

11 — Coupe à anses en saillie surelevée sur piédouche.

12 — Trois flacons à long col.

13 — Petite coupe à piédouche élevé.

14 — Flacon orné de peintures et à anses saillantes.

15 — Deux vases à long col évasé.

16 — Deux vases à anses.

17 — Deux autres vases.

18 — Urne.

19 — Deux plateaux.

20 — Six pièces : gobelets, petite bouteille bleue, coupes profondes, dont une à godrons en relief.

21 — Sept lacrymatoires, dont un d'une très-petite dimension en verre blanc, irisé avec anses à torsades de couleur verte.

22 — Dix petits objets : vases, couvercles et petits plateaux.

23 — Fragments.

IVOIRES

24 — Superbe plaque en ivoire sculpté de haut-relief, représentant la Vierge debout, tenant l'Enfant Jésus dans ses bras. Encadrement de colonnes à chapiteaux surmontés de têtes d'anges, au-dessus de la Vierge se voient les traces d'un baldaquin à jour en grande partie détruit.

Travail grec du IXe ou Xe siècle. Pièce très-rare.

Haut., 20 cent. ; larg., 13 cent. 1/2.

25 — Plaque en ivoire sculpté en relief, représentant le Christ sur la croix; à droite, saint Jean, à gauche, la Vierge. Encadrement à colonnes, supportant un baldaquin à jour.

Remarquable travail gréco-allemand du XIe ou XIIe siècle.

Haut., 13 cent. 1/2 ; larg., 11 cent.

26 — Plaque en ivoire sculpté en relief, représentant la Vierge au milieu des apôtres ; au-dessus plane l'image du Père Éternel soutenue par deux anges.

Beau travail gréco-allemand du XIe ou XIIe siècle.

Haut., 13 cent. 1/2. Larg. 11.

27 — Petit cornet à jouer aux dés, en ivoire sculpté en relief, orné de figures et animaux. — Travail du XIVe ou XVe siècle.

28 — Baiser de paix en ivoire sculpté en relief, des figures du Christ et de la Vierge. Cette plaque porte une inscription en vieux français.

29 — L'éducation ,de la Vierge ; groupe en ivoire sculpté ; travail français du XVe siècle.

30 — Trois dames à jouer en ivoire sculpté de deux figures et feuillages. — Travail du XIIIe ou XIVe siècle.

31 — Râpe à tabac en ivoire sculpté en relief d'une figure de la Renommée, d'une tête de mascaron et d'attributs ; — Travail du temps de Louis XIV.

32 — Deux cachets en ivoire sculpté : Saturne dévorant ses enfants et Vénus et l'Amour.

33 — Quatre pièces en ivoire sculpté : Romain, Faune, cavalier (bas-relief) et pommeau de canne.

34 — Sept pièces en ivoire de forme cylindrique ; fragments de flûtes antiques.

35 — Statuette en ivoire ; Vénus debout. Travail du XVIe siècle.

36 — Trois dames à jouer, dont une représentant un oiseau chimérique ; travail très-ancien.

BRONZES & FERS ANTIQUES

(Quelques-uns du moyen âge et de la Renaissance.)

37 — Cent quatre statuettes, figurines, bustes ; bronzes antiques, égyptiens, de la Renaissance, etc., parmi lesquels on remarque une Minerve et un Hercule gaulois.
Ce lot sera divisé.

38 — Trente-quatre bagues, anneaux, agrafes et bijoux antiques, du XVIe siècle et autres, en argent et bronze, seront divisés sous ce numéro.

39 — Quantité d'objets en bronze ; tels que agrafes, boucles, fibules, faucilles, fers de lances, couteaux, balances, fragments de toute sorte, antiques et moyen âge, seront divisés.

40 — Trente-cinq bracelets en bronze antique.

41 — Huit bracelets et un anneau en verre antique.

42 — Diverses statuettes d'animaux chimériques en bronze antique et autres.

43 — Nombreuse collection de clefs romaines et moyen âge, en fer et bronze.

44 — Paire de flambeaux en bronze antique.

45 — Quatre lampes en bronze antique de formes variées.

46 — Trois marmites antiques en métal.

47 — Collection de fers mérovingiens, haches, chaînes, étriers, fers de lances, javelots, etc. — Ce lot sera divisé.

48 — Une collection de haches romaines en bronze.

49 — Étriers, mors et éperons en fer de différentes époques.

50 — Bouclier en cuivre repoussé, orné au centre d'une tête de Méduse.

51 — Casque en fer du xɪvᵉ ou xvᵉ siècle.

52 — La Vénus au dauphin; statuette en bronze italien du xvɪᵉ siècle.

53 — Un lot d'armes défensives : épées, sabres, flèches, etc. de différentes époques.

MÉDAILLES

54 — Un médailler, composé de 60 cartons, monnaies romaines, monnaies grecques, monnaies françaises, médailles historiques, jetons, pièces de Lorraine etc., en bronze et argent.

55 — Grandes médailles historiques, parmi lesquelles quelques-unes très-intéressantes, Louis XII, etc.

56 — Lot de médailles modernes en bronze.

POTERIES GRECQUES & ROMAINES

57 — Environ 200 pièces : poteries grecques et romaines, vases de toute forme, bouteilles, jattes, coupes, écuelles, burettes, urnes funéraires, objets usuels, animaux fantastiques, etc. — Seront divisées sous ce numéro.

58 — Collection de trente-six lampes, en terre cuite, grecques et romaines, dont quelques-unes très-remarquables par leur ornementation et leur forme. — Seront divisées.

59 — Bas-relief en terre cuite : trois figures antiques.

ÉMAUX

60 — Petite plaque en pierres dures, émaux de couleur et filets d'or, représentant une figure de saint.

Travail byzantin très-ancien.

61 — Autre plaque de même travail et de même époque. La figure manque.

62 — Saint Mathieu ; émail de Limoges.

63 — Le Christ mort; très-ancienne plaque en émail de Limoges.

64 — Deux petites plaques en émail : la Vierge et l'Enfant; Saint Michel, terrassant le Démon.

65 — Plaque ovale en émail de Limoges; Saint en adoration devant l'Enfant Jésus, soutenu par la Vierge.

66 — Sainte Claire ; plaque ovale, émail de Limoges.

67 — La Vierge et l'Enfant-Jésus; plaque émaillée par *Laudin*.

FAIENCES, GRÈS, TERRES ÉMAILLÉES

68 — L'enfant aux chiens; groupe en faïence de Bernard Palissy. Pièce d'un bel émail.

69 — Plat rond en faïence de Bernard Palissy, représentant Persée délivrant Andromède. Cette pièce, ornée de quantité de figures, est d'un très-bel émail.

70 — Très-grand plat en ancienne faïence de Nevers, décoré au centre d'une chasse au tigre; bordure à ornements et rinceaux ; camaïeu bleu sur fond blanc.

Diam., 56 cent.

71 — Très-beau fragment d'un grand plat à reflets hispano-arabe.

72 — Plat hispano-arabe à reflets, avec inscription au centre.

73 — Une série de carreaux émaillés vert, à sujets de figures en ancienne faïence de Nuremberg.

74 — Deux lampes, forme flambeaux, en grès émaillé.

75 — Cannettes, cruchons et vases à anses en marbre serpentine, grès émaillés et faïence. Seront divisés.

76 — Collection de momies ou divinités Égyptiennes, en terres émaillées et autres.

CURIOSITÉS DIVERSES

77 — Vase en cristal de roche taillé à pans, provenant d'un reliquaire du xve siècle; cette pièce est fracturée.

78 — Tasse et sa soucoupe en porcelaine de Sèvres, pâte tendre; fond blanc à œil de perdrix et rosaces; médaillon à paysage avec maisonnette et ustensiles de ferme.

79 — Petite coupe ovale en agate rubanée; monture à piédouche et anses en vermeil.

80 — Bonbonnière ronde en agate herborisée ; monture en or.

81 — Trois petits bas-reliefs en terre cuite, dont un représentant Jupiter et Junon ; gracieux travail français du XVIIIe siècle.

82 — Deux boules en cristal de roche.

83 — Deux bracelets en agate, monture en or.

84 — Petits bustes historiques et groupe en terre cuite.

85 — Statuette égyptienne en rouge antique.

86 — Étui de missel en cuir gaufré ; travail du XVIe siècle.

87 — Une tasse et sa soucoupe en Wedgwood ; elle est décorée de jeux d'enfants en relief.

88 — Petit médaillon représentant l'ascension de Mongolfier, avec cette inscription : *A l'immortalité.*

89 — Colliers et bracelets en agate, cornaline, pierres dures et verre antique.

90 — Joli petit plat en étain, dans le goût de Briot, orné de figures de cavaliers encadrés d'arabesques.

91 — Trois bas-relief en albâtre oriental, représentant des sujets de la vie du Christ. Travail du XVIe siècle.

92 — Deux statuettes en albâtre orientale : le Sauveur du monde et saint Pierre.

93 — Saint Jean baptisant le Christ ; groupe en bois sculpté.

94 — Quelques pièces en porcelaine de Chine : Chimères, figurines et petits vases.

95 — Hanap en cuivre argenté ; époque Lonis XIV.

96 — Bas-relief en bronze argenté ; le repos de la sainte Famille.

97 — Collection de sceaux en bronze et empreintes en cire de différentes époques.

98 — Une collection de haches celtiques de formes variées.

99 — Bas-reliefs et fragments en pierre sculptée.

100 — Un lot considérable de pierres gravées, cornalines, agates et cristaux de roche ; sera divisé.

101 — Cinq gouaches, épisodes historiques du temps de Louis XIII.

102 — Six gouaches, paysages et oiseaux.

103 — Sept tableaux anciens, sujets variés.

104 — Trente petites gravures encadrées.

105 — Les objets omis au catalogue.

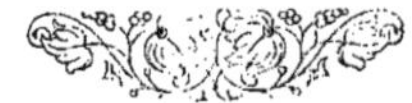

www.ingramcontent.com/pod-product-compliance
Ingram Content Group UK Ltd.
Pitfield, Milton Keynes, MK11 3LW, UK
UKHW020537180726
13839UKWH00006B/2572

9 782329 525563